AF232914

NOTICE

SUR

M. MAGNE

PAR

M. LOUIS PASSY

SECRÉTAIRE PERPÉTUEL

PARIS

HOTEL DE LA SOCIÉTÉ

18, RUE DE BELLECHASSE

—

1885

NOTICE

SUR

M. MAGNE

SOCIÉTÉ NATIONALE D'AGRICULTURE DE FRANCE

(SÉANCE DU 11 NOVEMBRE 1885)

NOTICE

SUR

M. MAGNE

PAR

M. LOUIS PASSY

SECRÉTAIRE PERPÉTUEL

PARIS

HOTEL DE LA SOCIÉTÉ

18, RUE DE BELLECHASSE

—

1886

NOTICE

SUR

M. MAGNE

Il y a trente ans, Renault prononçait devant vous l'éloge d'un des maîtres de la science vétérinaire, de Barthélemy, et il vous disait avec émotion que, se sentant saisi par la maladie, Barthélemy se rendit à la campagne, sur les bords de l'Oise, pour y trouver la paix des derniers jours. Tout à coup, on apprit qu'il était mort. La cérémonie funèbre s'accomplit sans qu'aucun de ses amis ou de ses confrères fût prévenu. « Je suis né dans un village, avait-il ajouté, je désire reposer dans un village. » Et ses dernières volontés avaient été exécutées. La mort de Barthélemy ressemble à la mort de Magne ; les sentiments et les derniers vœux de Barthélemy furent les sentiments et les derniers vœux de Magne. Affaibli par l'âge plus que par la maladie, Magne, depuis un an, s'était retiré à Corbeil, attendant, au milieu de sa famille, une fin qui venait doucement. Il s'est éteint le 27 août dernier, le lendemain du jour où nous avons suspendu nos réunions. Il avait réglé d'avance ses obsèques, et, refusant les honneurs que les Sociétés savantes dont il était membre auraient été si heureuses de lui rendre, il ordonna que personne ne fût averti, et que son convoi fût conduit dans le silence et la simplicité. « Je suis né dans un village, avait-il dit, comme Barthélemy, et je désire que mon corps repose dans mon village. » Et son corps repose aujourd'hui à Sauveterre, au fond de l'Aveyron ! Ainsi veulent quelquefois disparaître du monde, tout à coup et sans bruit, les âmes douces et modestes qui confondent le voyage de la vie et l'accomplissement d'un simple devoir. Mais, comme l'a dit éloquemment notre confrère M. Bouley, devant l'Académie de médecine, c'est en vain « que Magne a voulu échapper à l'éloge, il en sera poursuivi jusque dans sa tombe. » Son souvenir est encore vivant : son image est devant nous. Permettez-moi de la saluer en votre nom une dernière fois.

La vie de Magne est tout entière dans ses travaux, et les événements qui en marquent le cours offrent à nos regards une suite de succès qu'il remporta par la force de son travail et de son intelligence.

Magne (Jean-Henri) était né à Sauveterre (Aveyron) le 15 juillet 1804. Son père, qui était percepteur, l'avait placé chez un ami qui lui donna le goût de l'étude : mais celui qui devait imprimer à l'enfant sa direction véritable fut le maître d'école de Sauveterre, qui abandonna l'instruction pour la culture d'un petit domaine. Magne n'oublia jamais les premières leçons de l'instituteur-cultivateur, et quand il quitta le lycée de Rodez, il entra à l'École vétérinaire de Lyon. Il y resta quatre ans (de 1820 à 1824), et obtint le premier prix à la fin des quatre années d'études. Une note très flatteuse pour le jeune Magne parut, dès cette époque, dans le *Propagateur Aveyronnais*, note qui avait été rédigée par notre confrère J. B. Huzard, alors inspecteur général des écoles vétérinaires. Magne revint à Sauveterre, espérant s'y former une clientèle ; mais c'est la patience qui donne des clients. Il crut trouver un aliment à son ardeur en entrant comme vétérinaire dans le 3e régiment de dragons en garnison à Sarreguemines. Au bout de quelques mois, il put établir une comparaison entre l'école et le régiment, entre ses anciens camarades et ses nouveaux collègues, et notamment avec le vétérinaire en premier du régiment, vieux maréchal-ferrant, fort absolu et fort entêté dans son ignorance. Une place de chef de service à l'École vétérinaire de Lyon ayant été mise au concours, Magne eut la bonne idée de se présenter, et la bonne fortune de réussir. Le 15 mai 1829 fut le premier jour d'une carrière scientifique, qu'il devait parcourir avec un succès croissant pendant quarante-deux ans. En effet, nommé en 1829 chef de service près de la chaire de physique, chimie, botanique, matière médicale, pharmacie et jurisprudence ; en 1833, professeur-adjoint à la même chaire ; en 1838, professeur titulaire de botanique, hygiène et agriculture, toujours à l'École de Lyon ; en 1843, professeur de botanique, d'agriculture, d'hygiène générale et d'hygiène appliquée ou zootechnie à l'École vétérinaire d'Alfort ; en 1862, directeur d'Alfort, à la place de Delafond, et membre de la Société nationale d'agriculture, à la place de Delafond, membre de la Société centrale de médecine vétérinaire, et plus tard de l'Académie de médecine, telles sont les diverses étapes de la carrière admirablement suivie et remplie par notre regretté confrère.

Si l'on s'étonnait que le vétérinaire de Sauveterre et de Sarreguemines, le professeur de zootechnie et le futur directeur d'Alfort ait été de bonne heure un maître dans toutes les parties de l'économie rurale, il faudrait d'abord se rappeler la place incertaine que l'hygiène et la médecine des animaux tenaient dans l'enseignement et la science, les programmes des cours et le système des études qu'offraient les Écoles vétérinaires à la fin du premier Empire et sous la Restauration. La médecine vétérinaire flottait pour ainsi dire au milieu de l'économie rurale. Soigner les animaux, paraissait plutôt un métier qu'un art ou une science. Pour lui-même comme pour ses élèves, le jeune professeur de Lyon avait été contraint de rechercher et d'adopter des principes, afin de dominer et de relier les unes aux autres toutes les parties de son vaste enseignement. Voilà comment Magne, aidé d'ailleurs par la connaissance parfaite des auteurs et des maîtres qui l'avaient précédé, réunit ses livres en corps de doctrine, et, très jeune encore, publia dès 1841 un ouvrage de fond, qu'il intitula : *Les Principes généraux d'agriculture et d'hygiène vétérinaire.* Dans cet ouvrage, Magne s'attacha à démontrer les rapports qui unissent, d'une part, la constitution géologique du sol, la nature des terrains et les phénomènes météorologiques, et, de l'autre, les productions de l'agriculture et l'économie des animaux. Cette pensée maitresse que partout les forces de la nature vivante se développent sous des formes diverses, mais toujours avec une harmonie irrésistible et féconde, cette pensée, dis-je, se retrouvera cent fois sous sa plume et dirigera la plupart de ses écrits ; elle le dirigera dans ses études spéciales de zootechnie et lui inspirera la préface de son *Hygiène vétérinaire appliquée.* « On n'a pas assez tenu compte, dit-il, de l'action exercée par le sol et le climat sur la formation et la conservation des races. Utilisant les progrès réalisés en géologie et en météorologie, la science peut aujourd'hui rechercher les causes d'où dérivent les qualités et les défauts des races d'animaux, et arriver à la connaissance des moyens propres à propager les unes et à corriger les autres. » Vous-mêmes, messieurs, vous avez publié dans la collection de vos mémoires un travail plus particulier sur ce sujet. Magne y expose l'influence du sol sur la production, la constitution et les qualités spéciales des races d'animaux, et, d'un mot et comme exemple, je vous rappellerai une de ses conclusions : c'est que les poulains ne peuvent naître utilement et s'élever économiquement sur des plateaux calcaires ou argilo-calcaires, favorables à la culture des céréales et défavorables à l'établissement des prairies naturelles, comme les chevaux vigoureux ne peuvent donner quelques succès sur les coteaux granitiques ou schisteux, riches en gazon et en bruyère, et faits pour le développement du régime pastoral. Le nom de Magne se trouve donc rattaché à toutes les études qui ont porté si haut la renommée de Dufrénoy et d'Élie de Beaumont, et quand il parcourait toutes les provinces de la France pour étudier sur place les diverses races de nos animaux et les conditions économiques au milieu desquelles elles peuvent et doivent prospérer, Magne appelait de ses vœux ces belles cartes géologiques et agricoles dont deux membres de votre Société, Antoine Passy et Delesse, nous ont laissé des modèles, et sur lesquelles Magne a disserté devant vous.

On comprendra maintenant qu'ayant fait de la géologie zoologique, il ait fait aussi de la géologie botanique ; n'oublions pas, d'ailleurs, qu'à Lyon il était professeur titulaire de botanique. Vous vous en êtes aperçu bien des fois : car, sur cette partie de la science, il a consigné dans le *Bulletin* de nos séances des communications intéressantes et variées. Je citerai notamment les notes où il a examiné tour à tour l'influence de la fécondation sur le développement des parties qui entourent les ovules ; la culture du houblon, du sapin et du maïs, des champignons, du lupin, des panais, la végétation des châtaigniers, la flore algérienne apparue sur les bords de la Loire ; les méthodes de semer les graines forestières, le *Xanthium spinosum* et le cerisier perpétuel ; les ravages causés aux arbres par le gui ; la décoloration des plantes par l'électricité ; l'importation d'arbres et arbustes exotiques. Vous voyez que Magne s'était préparé de vieille date à causer scientifiquement avec nos confrères, qu'ils appartinssent à la Section des cultures spéciales, à la Section d'arboriculture forestière ou à la Section d'histoire naturelle agricole ; et, en effet, à peine le directeur d'Alfort était-il venu prendre dans la Section d'économie des animaux la place de Delafond, qu'il publiait, en 1862, une *Nouvelle flore française*, la flore des vétérinaires. Car ceci a vraiment du piquant. Magne avait pris pour collaborateur M. Gillet, vétérinaire principal de l'armée, et les deux auteurs, dans leur préface, s'associèrent, par leurs éloges et leurs remercîments, M. Fourcade, vétérinaire à Bagnères-de-Luchon, et M. Baillet, professeur à l'École vétérinaire de Toulouse. On peut dire que cet ouvrage, qui compte déjà cinq éditions, représente comme le fruit commun de la science et de l'amitié.

Professeur d'agriculture, professeur de botanique, Magne fut surtout, et pendant quarante ans, professeur d'hygiène, et, comme il s'agissait de l'hygiène des animaux, professeur d'hygiène vétérinaire. Il est important de remarquer que le cours dont il était chargé à l'École de Lyon portait le titre de : *Cours de multiplication, d'éducation des animaux domestiques*. Magne fit disparaître cette formule pratique, quoique assez vague, pour lui substituer une première formule plus scientifique et plus générale « d'hygiène vétérinaire », par laquelle il résumait l'étude des influences que le sol, l'atmosphère, les aliments, les boissons exercent sur l'économie animale, et une seconde formule plus spéciale « d'hygiène vétérinaire appliquée », par laquelle il résumait les applications de la science à la multiplication, à l'élevage, au dressage, à l'engraissement, à l'entretien des races domestiques. Toute sa vie, Magne tint comme une découverte importante cette manière de classer les études relatives à l'économie des animaux. Aussi lorsque, vers 1855, le mot de « zootechnie » parut dans l'enseignement, dans les discussions et dans la presse, Magne se mit sur la défensive, comme s'il se sentait personnellement atteint dans sa formule de l'*Hy-*

giène vétérinaire appliquée. « Je crois, dit-il vers 1860, n'avoir été que l'interprète de l'opinion presque unanime de nos confrères lorsque, il y a un quart de siècle, j'ai donné à l'ouvrage dans lequel j'étudie la production et le perfectionnement des animaux le titre d'hygiène vétérinaire appliquée, pour démontrer que la science appelée aujourd'hui zootechnie doit être rattachée à l'hygiène ; en un mot, qu'il faut produire des améliorations avant de les provoquer par la génération. » Magne sauvait son principe, mais ne sauva pas sa formule. Chacun se mit à employer l'expression de Zootechnie. « Après tout, dit un jour Magne dans le *Recueil de médecine vétérinaire*, le mot de zootechnie, à cause de la facilité de le bien définir, ne saurait avoir de grands inconvénients, malgré l'étymologie grecque de son orthographe. » Finalement, on put lire sur les programmes des cours de l'École d'Alfort : « Magne, professeur de zootechnie. » Il s'était résigné, mais il s'était résigné de bonne grâce.

La querelle entre le mot d'hygiène vétérinaire appliquée et le mot de zootechnie n'était pas une querelle futile. Magne y voyait l'affermissement ou l'affaiblissement de cette idée fondamentale : que les races de nos animaux domestiques doivent s'améliorer beaucoup plus sûrement par l'alimentation et l'hygiène que par les croisements et par des expériences de génération. Il concentrait toutes ses sympathies sur les races nationales, dont les progrès lui semblaient faciles et assurés par la bonne volonté des cultivateurs. Il ne se sentait aucune passion pour l'introduction et l'acclimatation des races étrangères, quand notre pays ne pouvait pas leur offrir des conditions identiques de climat et d'alimentation. Il eut toujours le courage de son opinion, opposant ses réserves et ses doutes à l'entraînement qui courait chercher des races dans les pays étrangers, sans apporter avec elles les conditions diverses qui les avaient créées. Parmi les plus heureux passages de son *Hygiène vétérinaire*, on peut citer celui où Magne analyse et distingue dans les animaux de chaque race les qualités qui, dépendant du sol et du climat, sont uniquement soutenues et augmentées par le régime, et les qualités qui, indépendantes des influences purement locales, peuvent être recherchées et obtenues dans tous les pays par les appareillements et les croisements. Il y a beaucoup de finesse dans ce départ, entre les causes d'amélioration de nos races d'animaux, et c'est un devoir et un plaisir que de suivre Magne successivement dans le double courant de ses consciencieuses études.

Le régime et, dans le régime, l'alimentation, lui paraissaient donc les parties de l'hygiène vétérinaire les plus dignes d'occuper les méditations d'un professeur, et il aimait à dire que le professeur était un conseil et un ami. C'est à ce titre de conseil et d'ami que Magne publia, en 1850, *le Choix et la Nourriture des vaches laitières*; en 1853, *le Choix et la Nourriture des races chevalines,* et *le Choix et la Nourriture des races bovines*, traités excellents qui sont devenus presque populaires en France et à l'étranger. Mais un habile homme ne se contente pas de résumer, de généraliser les règles de son enseignement ; il veut s'assurer que ces règles sont incontestables, et dans cet examen, il trouve parfois, il trouve toujours des raisons nouvelles de se corriger et de corriger les autres. C'est ainsi que, sur deux points forts importants, la Société a vu Magne se livrer devant elle à des recherches qui lui ont fait le plus grand honneur. Il s'agissait de l'alimentation du cheval.

Magne avait applaudi aux ressources nouvelles que les bêtes de rente trouvaient dans l'emploi de plus en plus fréquent des fourrages hachés, et il crut mériter à son tour quelques applaudissements quand il proposa de placer le maïs en concurrence avec l'avoine pour la nourriture des chevaux de travail. Il y avait, en effet, un vrai mérite à affirmer que les mélanges de seigle, d'orge, de féverolles, de vesces, expérimentés par plusieurs de nos confrères, ne pouvaient remplacer le foin et la paille et réparer les forces des chevaux ; que les corps gras étaient utiles et même indispensables pour soutenir l'action des organes respiratoires, et qu'il convenait de chercher un aliment qui pût compenser les principes azotés qui dominent trop exclusivement dans les plantes ou partie des plantes employées généralement pour nourrir les herbivores. C'est ainsi que, se servant d'une expression créée par notre vénéré président pour désigner certains engrais, Magne proposa le maïs comme aliment complémentaire. Magne lutta pendant une quinzaine d'années, et les *Bulletins* de nos séances portent la trace des premiers engagements et des derniers succès. Dans une discussion, en 1876, il fut bien entendu que Magne n'avait jamais attribué une supériorité nutritive au maïs sur le foin et l'avoine, et qu'il proposait d'en user par des mélanges habilement préparés quand l'avoine était trop chère. « Alors, s'écria notre confrère M. Gareau, résumant les péripéties du débat, c'est une question de mesure ! » Assurément, c'était une question de mesure. Magne ne l'avait pas entendu autrement : mais cette question de mesure avait une portée scientifique et économique, et l'expérience des grandes Compagnies d'omnibus est venue confirmer victorieusement toute l'argumentation de notre persévérant confrère.

L'action des aliments est de première importance ; mais la manière de les préparer n'est pas sans valeur. Sur ce point encore, Magne soutint vigoureusement la discussion. Il combattit l'opinion que les fourrages hachés et les grains concassés étaient beaucoup plus nourrissants que les fourrages et les grains dans leur état naturel. Il soutint que les rations dites économiques n'augmentaient pas la valeur nutritive du foin, de la paille et de l'avoine en proportion des frais de manutention, et qu'elles devaient conduire à de grandes déceptions, parce que les défenseurs de ces rations n'avaient égard qu'aux propriétés pour ainsi dire physiques des aliments, et non à leur composition chimique. Il revint à plusieurs reprises sur cette question, et notamment dans le *Recueil de Médecine vétérinaire*, indiquant la proportion dans laquelle les rations devaient contenir des principes azotés ou des principes hydrocarbonés, et conseillant de garder les hache-pailles et les concasseurs pour les fourrages grossiers, les grains durs, les féverolles, le maïs et le sarrasin. Sur ce point encore, l'expérience donna raison à Magne.

S'il était naturel que le professeur d'hygiène vétérinaire étudiât les conditions principales de l'amélioration des animaux dans le sol, l'air, les aliments, les logements, le travail, l'exercice et le dressage, le professeur de zootechnie ne pouvait échapper aux problèmes redoutables qu'offre l'étude de la génération, c'est-à-dire l'appareillement des producteurs de la même race, le croisement des races et la consanguinité. A la nécessité de l'appareillement, c'est-à-dire de l'accouplement de deux individus bien choisis d'une même race, Magne ne pouvait que donner sa chaleureuse approbation, car l'appareillement se fait par la sélection, c'est-à-dire par le choix raisonné des reproducteurs, et ce choix est un complément naturel du système d'amélioration dont Magne s'était montré l'énergique défenseur.

Sur le croisement des races, au contraire, Magne discutait. Il reconnaissait que le croisement, c'est-à-dire l'accouplement d'un mâle d'une race avec une femelle d'une autre race, est un des moyens les plus précieux pour modifier et améliorer nos animaux domestiques ; mais il critiquait l'ignorance des règles qui présidaient alors à cette opération, et les illusions que les cultivateurs nourrissaient dans des succès aléatoires. « Le croisement, disait-il, doit avoir pour objet de corriger les défauts, de détruire les maladies héréditaires et de modifier les formes et qualités qui ne dépendent pas du sol, du climat et de la nourriture. Il ne faut pas lui demander d'élever la taille ou d'accroître le poids des animaux. Le croisement ne donnera pas de la finesse au cheval et de la précocité aux bœufs. »

Je n'ai pas besoin d'insister sur cette question du croisement, puisque la Société nationale compte encore dans son sein les témoins de ces discussions mémorables ; mais je ne puis me dispenser de rappeler l'autorité et la vigueur avec lesquelles Magne attaqua une opinion soutenue par Buffon, Bourgelat, Daubenton, Huzard, Grognier, Renault, Baudement, et qui se résumait ainsi : « Le croisement ne forme pas de races. Il les détruit. » Magne répondait : « Le croisement peut former des races. Les races nées du croisement se conservent comme les races entretenues par le régime, à cette condition qu'on leur donnera des soins en rapport avec les qualités qu'il s'agit d'entretenir et de fixer : car les races perfectionnées : cheval de course, cheval percheron, bœuf Durham, mouton Dishley, porc Leicester, ne dégénèrent que par faute de soins et par manque de régime. » On a donc eu tort, a-t-il ajouté, de croire et de dire qu'on ne peut pas par le croisement établir des races fixes, et on a eu tort de croire et de dire qu'il est nécessaire de renouveler sans cesse les importations de mâles de la race étrangère et que les métis ne peuvent servir comme reproducteurs. Les *Bulletins* de notre Société ont relaté les faits et les arguments que Magne apporta pour appuyer sa thèse, au milieu des discussions les plus intéressantes et les plus animées.

Dans la question de consanguinité, Magne livra aussi bataille. D'éminents auteurs comme Buffon, Hartmann, Mathieu de Dombasle, ont soutenu que l'ac-

couplement entre animaux de la même famille condui-
sait forcément à la stérilité et à la dégénération des
races ; mais Magne, qui trouva en cette occasion le
concours éloquent de notre confrère Huzard, éta-
blit que la consanguinité n'était pas malfaisante par
elle-même, et qu'elle se bornait à augmenter la puis-
sance d'hérédité, c'est-à-dire la transmission des qualités comme des défauts, la transmission des avantages
physiques comme des maladies de famille.

Quittons la chaire de Lyon et la chaire d'Alfort.
Magne vient de résumer devant vous, sur les points les
plus délicats, le fond de sa doctrine : prions-le maintenant de nous conduire dans les écuries et dans les éta-
bles qu'il a si souvent visitées, et de nous répéter les
nouveautés de son enseignement. Voici les chevaux et
tout d'abord les races françaises : chevaux bretons et
percherons, berrichons et poitevins, normands et
flamands, picards et ardennais, lorrains et bourgui-
gnons. Toutes ces races, Magne les connait si bien et il
les aime si sincèrement ! Il prendra plaisir à vous en
énumérer les aptitudes particulières au point de vue du
service agricole comme au point de vue des remontes de
l'armée. Il vous rappellera, en voyant la diversité de
leurs robes, les avantages qu'il trouve, au point de vue
de l'hygiène comme au point de vue du service, à remplacer les chevaux blancs ou gris par des chevaux noirs
ou bais ; et quand le défilé des chevaux aura cessé, il
vous expliquera pourquoi il n'a pas cédé au courant de
la mode qui, vers 1865, emportait les savants et les gens
du monde dans la passion éphémère de l'hippophagie. Il
raisonnait, suivant sa coutume, au lieu de s'enthousias-
mer, et déclarait qu'à tout prendre, il valait mieux ne pas
manger encore de viande de cheval, parce que, dans
l'état actuel de l'agriculture et de l'industrie, le cheval
est plus utile comme force motrice que comme aliment,
et sert mieux dans le travail que par la consommation.

Voici les bœufs et les vaches : les bœufs nous font souvenir qu'un jour il déclara que le meilleur moyen de produire la viande à bon marché n'était pas d'introduire et de naturaliser de nouvelles espèces d'animaux, mais de bien nourrir les anciennes, en ajoutant aux exploitations rurales des sucreries et des distilleries, et en pratiquant une agriculture rationnelle. Une autre fois, il fera connaître l'origine des races perfectionnées de l'Angleterre et les conditions hygiéniques qui sont nécessaires pour leur conserver leurs qualités. Il essayera de persuader aux cultivateurs français que l'élevage de ces races ne serait avantageux en France que dans un petit nombre de circonstances et dans un certain nombre de pays. Trouvant un jour sur sa route cette opinion que des bêtes bovines aptes au travail sont incapables de prendre de la graisse, et que les bonnes vaches laitières sont incapables de s'engraisser facilement, il attaque cette opinion pour la qualifier de préjugé ou pour la limiter à des cas particuliers. Les vaches, et surtout les vaches laitières, furent plus souvent encore l'objet de ses études. On s'en aperçut aux soins qu'il donna aux neuf éditions du choix de son ouvrage sur *le Choix et la nourriture des vaches laitières*; au mémoire intitulé : *De l'influence de la respiration dans les vacheries sur la sécrétion du lait*; à ses observations si curieuses sur la castration, qui ne s'oppose pas, disait-il, à la production du lait pendant plusieurs années; à ses justes critiques sur les mauvaises méthodes qui, dans les montagnes de l'Auvergne, étaient en usage pour allaiter les veaux; enfin, à son excellent mémoire sur les fromageries en Société du Jura et de l'Ain, et dans lesquelles il voyait un moyen assuré de produire économiquement du très bon beurre et d'excellents fromages.

Enfin, voici les moutons. Il s'agit encore des moutons français, bien entendu. La question des laines était jadis de première importance : entre 1840 et 1850, elle jouait le premier rôle dans le bilan de l'agriculture. Aussi Magne conseillait-il, à cette époque, aux cultivateurs, de faire sans aucun frais une réforme importante. Nous possédons, disait-il, dans presque tous nos départements, un grand nombre de moutons à laine commune et grossière. Pourquoi ne pas chercher, par un travail de sélection, à se pourvoir de reproducteurs français dont l'action continue adoucirait les rudes toisons ? Pourquoi ? Et il se faisait à lui-même la réponse : Parce que ces moutons appartiennent à une grande quantité de petits propriétaires, et que l'ignorance et la routine triomphent des intérêts les plus évidents.

Vous le voyez, messieurs, à propos de moutons, Magne conseille l'appareillement, l'appareillement par la sélection, dans les races nationales ; mais s'agit-il du croisement, s'agit-il de races étrangères, il revient, je ne dirai pas à son principe, mais à ses sympathies, et après avoir, dans le *Moniteur agricole* de 1850 et 1851, apprécié, au point de vue des formes, de la laine et de la viande, les mérites des races mérinos, des races dishley, newkent et southdown, il s'empresse de faire remarquer que la science zootechnique a moins fait que le sol et le climat pour produire les races perfectionnées de l'Angleterre, et que le succès des cultivateurs anglais, par le seul croisement ou l'implantation des races étrangères, n'attend pas le cultivateur français. Il écrivait cela en 1850 et 1851 ; et, en 1867, chargé de faire, lors du concours de l'Exposition universelle, un rapport sur les races françaises et les races étrangères, il confirme ses premières impressions : il déclare que les éleveurs français n'ont pas la supériorité pour produire les bêtes de boucherie, comme les Anglais ; les bêtes à laine superfine, comme les Allemands ; et, néanmoins, il les félicite hardiment, les encourage à garder leurs belles et bonnes races nationales : « Car, dit-il expressément, nos éleveurs ont le bon sens de reconnaître qu'en imitant les races étrangères, ils renonceraient à une partie des avantages que présentent le climat et le sol de la France. »

On le voit, quand Magne a une idée, il ne l'abandonne pas aisément, et je suis obligé de me répéter pour le suivre fidèlement.

Si Magne n'avait été que professeur d'hygiène vétérinaire, il eût été forcé d'étudier et d'expliquer les maladies des animaux ; mais il était vétérinaire, ancien professeur de matière médicale et de pharmacie à Lyon, et comment n'aurait-il pas à l'occasion fait connaître sur certains points spéciaux les vues particulières que ses études lui avaient suggérées ? C'est ainsi qu'en 1840 il fut chargé officiellement d'une enquête sur une épizootie aphteuse qui avait envahi l'arrondissement de Villefranche. Il put en démontrer le caractère contagieux par des faits que la science a depuis confirmés. Quelques années après, il traita de la peste bovine et, par des arguments nouveaux, tenta de fortifier les conclusions qu'avant lui certains auteurs avaient présentées sur les causes de cette maladie et les moyens d'en arrêter la propagation. Toujours préoccupé de l'influence des terrains et du climat sur l'hygiène des hommes et des animaux, il compara le nombre des cas de fièvre typhoïde observés dans nos départements de 1841 à 1863, et déclara résolûment devant l'Académie de médecine, d'une part, que les fièvres typhoïdes s'entretiennent sur de certains terrains, et, d'autre part, que les affections charbonneuses des animaux sont plus fréquentes dans les contrées à sol calcaire que dans les contrées à sol siliceux ; mais ce n'est pas dans ces recherches particulières et ces études de circonstance, c'est dans le *Manuel de Médecine vétérinaire*, publié en 1874, qu'on peut, à ce point de vue, juger de la force et des tendances de son esprit. Dans ce Manuel, Magne n'est pas un praticien : il reste un professeur. Il décrit les maladies. Il cherche à les prévenir en indiquant les causes qui les font naître ; il n'a pas la prétention d'en dicter les remèdes. Tout au contraire, il conseille honnêtement et modestement au cultivateur d'appeler au plus vite le vétérinaire, qui seul peut juger la maladie et la guérir.

Faut-il ajouter, pour terminer, que le professeur d'agriculture, de botanique, d'hygiène vétérinaire, de matière médicale, fut aussi à Lyon, pendant quelques années, professeur de jurisprudence ? La Société ne s'attend pas à ce que la renommée de Magne prenne tout à coup, dans ces études un peu dispersées, un nouvel élan ; et pourtant, en 1841, il publia, dans les *Annales de la Société d'agriculture de Lyon*, un travail pour conseiller la substitution des droits d'octroi perçus au poids aux droits perçus par tête de bétail. Il critiqua dans le même recueil le système des prix et des primes avec lesquels on prétendait alors encourager l'agriculture, dans l'espérance que l'administration concentrerait tous ses efforts sur l'extension des cultures fourragères et la multiplication des animaux de choix. Au point de vue des haras, il soutenait, au contraire, dans un autre recueil, le système de Mathieu de Dombasle, et conseillait de consacrer à des primes distribuées aux meilleurs étalons et aux meilleurs poulains tout l'argent dépensé dans l'administration des haras.

Il n'avait aucune foi dans le succès des Sociétés d'assurance contre la mortalité des bestiaux, parce que les sinistres, disait-il, dépendent beaucoup plus de la conduite des assurés que des causes de force majeure, et vous vous rappelez peut-être qu'il nous a donné de son incrédulité beaucoup d'autres raisons.

L'organisation du Crédit foncier, l'organisation de

l'enseignement professionnel, la liberté commerciale et l'éternelle question des droits protecteurs avaient successivement attiré son attention, et montré qu'il était un citoyen très libéral, très entendu dans toutes les matières économiques, qu'il ne cessait d'étudier avec ardeur et sans prétention, au point de vue des progrès et de la prospérité de l'agriculture.

Magne est mort à quatre-vingt-deux ans, et ce serait une erreur et une injustice que d'apprécier son mérite et ses travaux à la lumière des découvertes brillantes et des idées nouvelles qui semblent devoir régénérer la science de l'économie des animaux. Magne, dans l'ordre des générations scientifiques, est un disciple de Thaër et de Mathieu de Dombasle. Il était fortement attaché à ses maîtres, comme s'il sentait que sa propre renommée dépendait de la leur. Ce n'est pas un militant de la science de 1885. C'est un classique de la science de 1840. Il faut que, dans l'histoire des sciences, chacun reste à sa place et y garde sa date et l'honneur de son rang.

Dans sa longue carrière, le trait le plus saillant est l'indépendance de ses opinions. C'est avec une fermeté calme qu'il engagea en plusieurs occasions importantes des batailles contre la vogue des méthodes nouvelles ou contre l'autorité de systèmes consacrés par des savants de premier ordre. Il croyait ce qu'il disait et il le répétait souvent, parce qu'il l'avait cru. Il ne cédait presque jamais à ses contradicteurs, tout en conservant dans sa polémique et dans ses entretiens une simplicité et une parfaite modestie. Il ne se mit jamais en peine de briller et de se faire valoir. Il s'appliqua toujours à être utile. Il était simple et naturel dans ses actions comme dans ses écrits. Il laissera le souvenir d'un cœur généreux.

Tous ceux qui ont connu Magne, répètent qu'il se montra scrupuleusement attaché à tous ses devoirs, et c'est un grand mérite que d'avoir dédaigné la fortune qu'il eût pu trouver, comme beaucoup de ses confrères, dans la pratique de la science vétérinaire. La persévérance enchaîna si bien les unes aux autres les quatre-vingts années de sa vie, qu'elle a donné à ses laborieux efforts le caractère d'une œuvre scientifique.

PARIS. — IMPRIMERIE DE JULES TREMBLAY RUE DE L'ÉPERON, 5;
Mme Ve TREMBLAY, NÉE BOUCHARD-HUZARD, SUCCESSEUR.

Paris. — Imp. de Mme Ve TREMBLAY, rue de l'Éperon, 5.

www.ingramcontent.com/pod-product-compliance
Lightning Source LLC
LaVergne TN
LVHW050320030726
842520LV00005B/1688